Het
dekselse geduim
van Demi

Barbara Bechtold-Dingemans

Colofon

Geschreven door:
Barbara Bechtold-Dingemans

Illustraties van:
Barbara Bechtold-Dingemans
en bewerkt door: Cody Verhagen

Uitgegeven door:
Graviant educatieve uitgaven, Doetinchem

© januari 2016

ISBN 978-9491337680

Voorwoord

Door mijn werk als logopedist kom ik veel in aanraking met kinderen die, als gevolg van het duimen (of het gebruik van een speen), een scheefstand van de tanden hebben en een verkeerde manier van slikken en spreken (slissen). Duimen en het gebruik van een speen vallen onder de noemer 'afwijkende mondgewoonten', net zoals bijvoorbeeld nagelbijten. Voor dit probleem is de methode OMFT ontwikkeld. OMFT staat voor oro-myofunctionele therapie en wordt door logopedisten ingezet om, in samenwerking met tandartsen en orthodontisten, de afwijkende mondgewoonten, verkeerde manier van slikken en het slissen af te leren. Wanneer de therapie effectief wordt toegepast is er een grote kans dat de scheefstand van de tanden vanzelf vermindert of zelfs helemaal verdwijnt.

In dit boek laat ik op een, voor kinderen en ouders, duidelijke en speelse manier zien wat er gebeurt wanneer een kind duimt. Daarna zie je wat er gebeurt wanneer het kind stopt met duimen en wat dit doet met de duim, tong en tanden. Het boek is niet ontwikkeld om het kind te zeggen dat hij moet stoppen met duimen, maar om hem uit te leggen waaróm het beter zou zijn om te stoppen.

De duim van Demi is
vaak niet blij,
want hij is niet
altijd vrij.
Hij moet steeds in
Demi's mond,
en dat is niet gezond!

In de mond van Demi
is het donker en nat,
de duim die is het
helemaal zat.
Het is daar veel te warm
voor hem,
van al dat geduim
is hij geen fan.

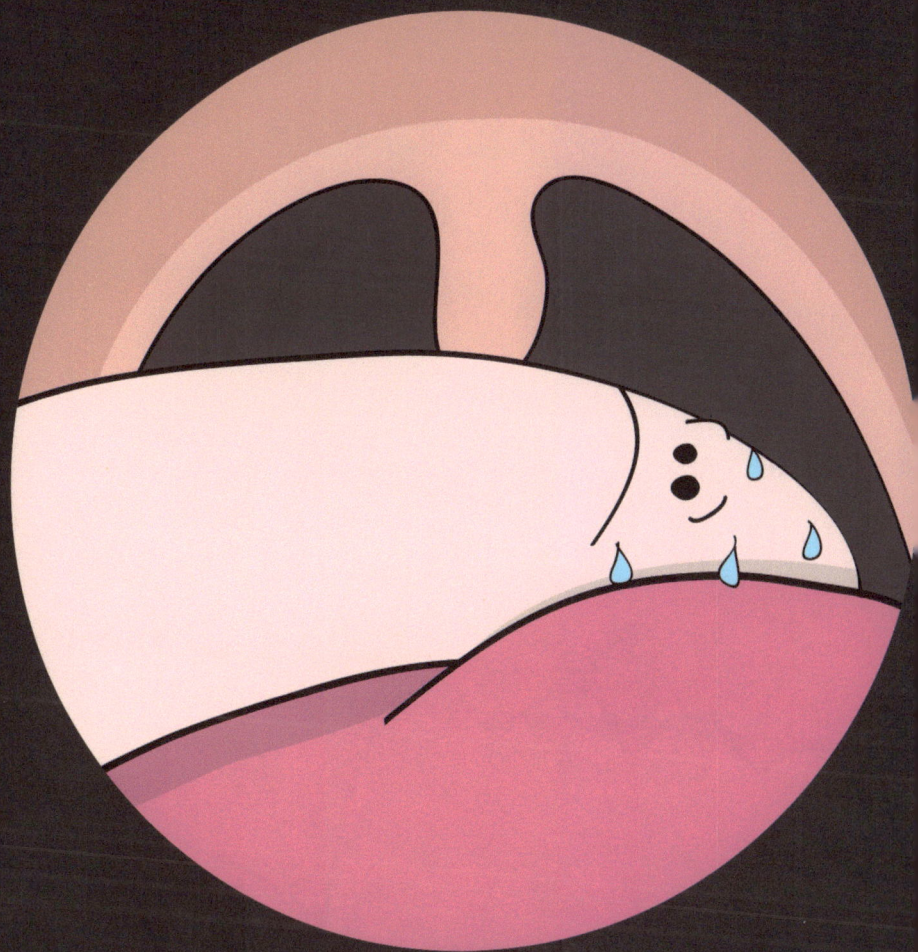

Ook de tanden van Demi
zijn niet blij.
Kijk ze daar zitten
op een rij.
Ze willen de duim niet
tegen zich aan.
Nee, ze zien hem liever
weer gaan.

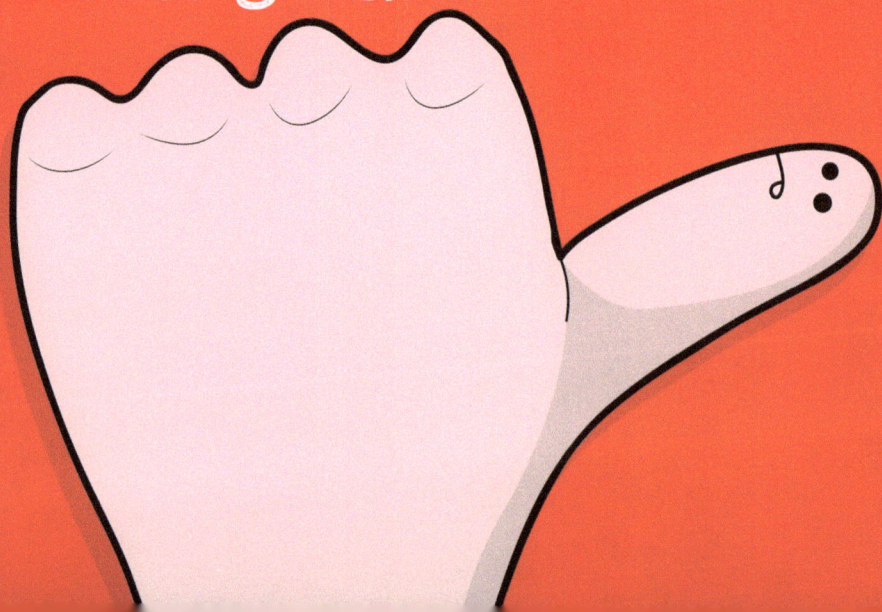

Dit klinkt misschien een beetje raar, maar de duim duwt de tanden uit elkaar. De boventanden schuiven naar voren, waar ze helemaal niet thuishoren.

Ook de tong is niet
tevreden,
de duim duwt hem
helemaal naar beneden.
Bijna tot op de grond
onderin Demi's mond.

PFFF...

HÉ TONG!
KOM JE NOG EENS
NAAR BOVEN?

Hierdoor wordt de tong
heel lui, en is hij vaak
in een slechte bui.
Hij wordt steeds
minder sterk, en doet
niet meer zoveel werk.

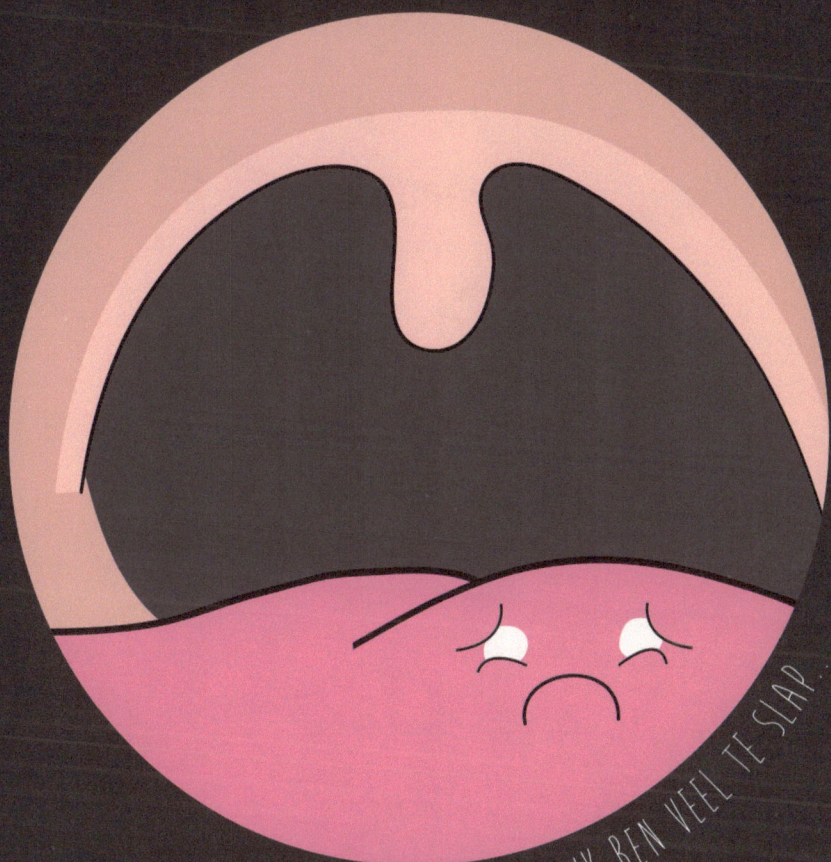

GAAT NIET, IK BEN VEEL TE SLAP...

Nu komen Demi's
tanden bijna uit
haar mond, ook mam
vindt het niet
meer gezond.

'En die tong is
veel te slap!',
is het commentaar
van pap.

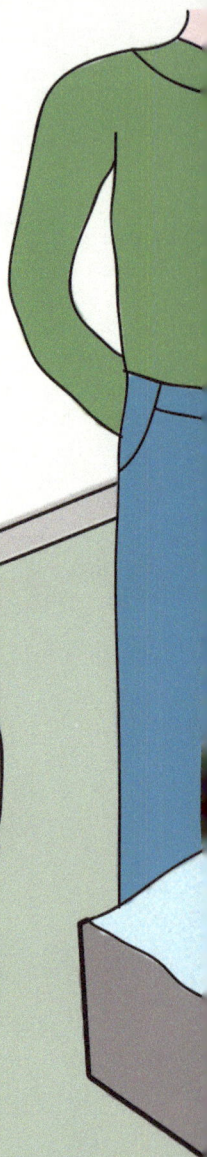

De volgende morgen zegt
mam aan het ontbijt:
'Ik moet je iets zeggen
lieve meid,
het wordt nu echt tijd
dat het duimen stopt'.

MELK

'Door al dat duimen
staan je tanden uit
elkaar,
bovendien ben je nu
al 5 jaar.
Duimen is niet voor
een groot kind als jij,
dus laat je duim nou
maar eens lekker vrij'.

Het duimen stoppen is
een moeilijke klus,
het lukt Demi niet alleen
en dus...
heeft mama iets
op haar
duim gesmeerd,
en smaakt die nu
ineens verkeerd.

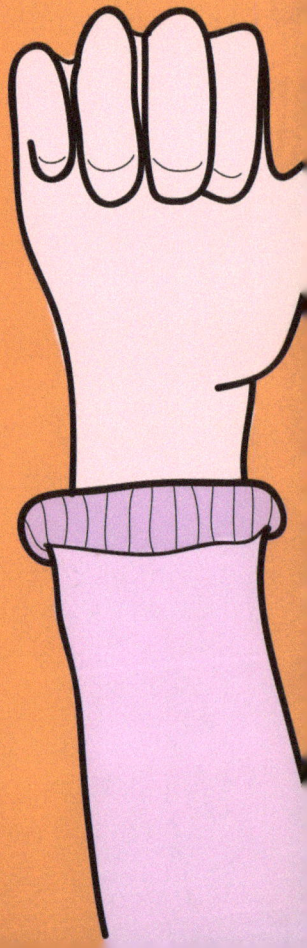

Het duimen geeft nu
een vieze smaak,
daarom doet Demi het
niet meer zo vaak.
De tanden worden
daarvan erg blij,
ze staan alweer wat
netter in de rij.

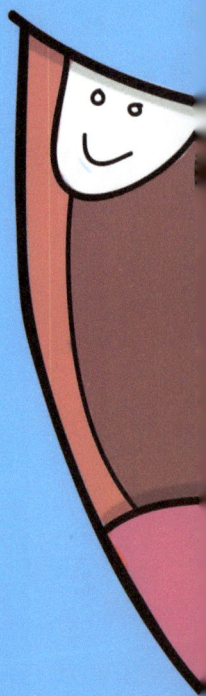

HÉ TONG!
DAAR BEN
JE WEER!

Ook de tong heeft weer
veel meer plek,
om terug te gaan
naar zijn oude stek.
Bovenin de mond
waar hij hoort,
door de duim wordt
hij niet meer gestoord.

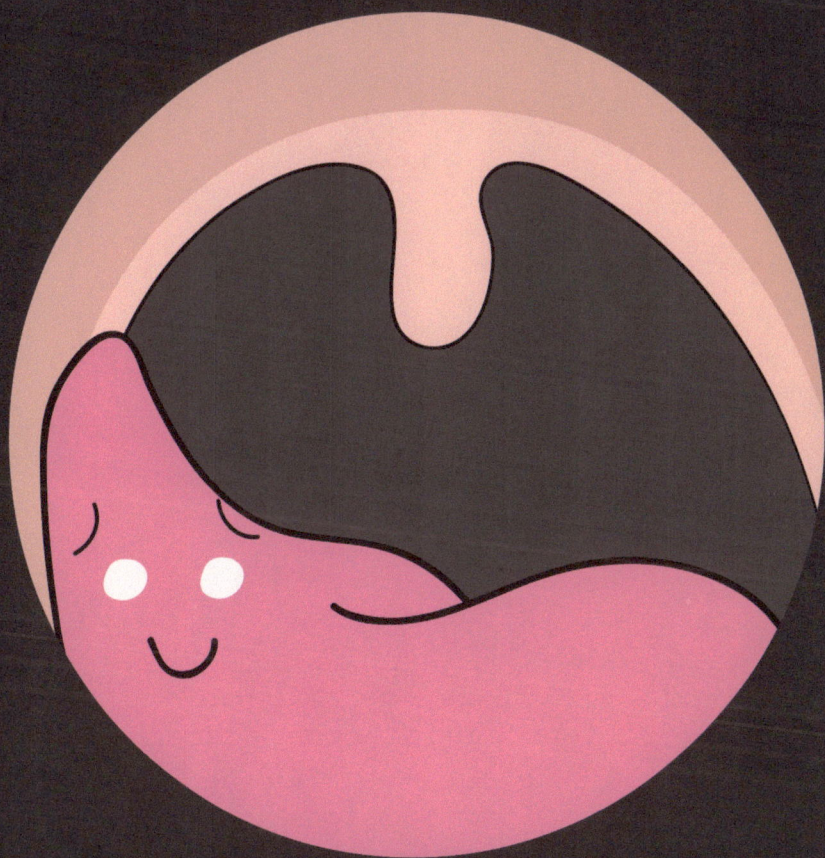

Demi heeft nu weer
een dichte mond,
dat is hartstikke gezond.
En haar duim is superblij,
want hij is nu altijd vrij!

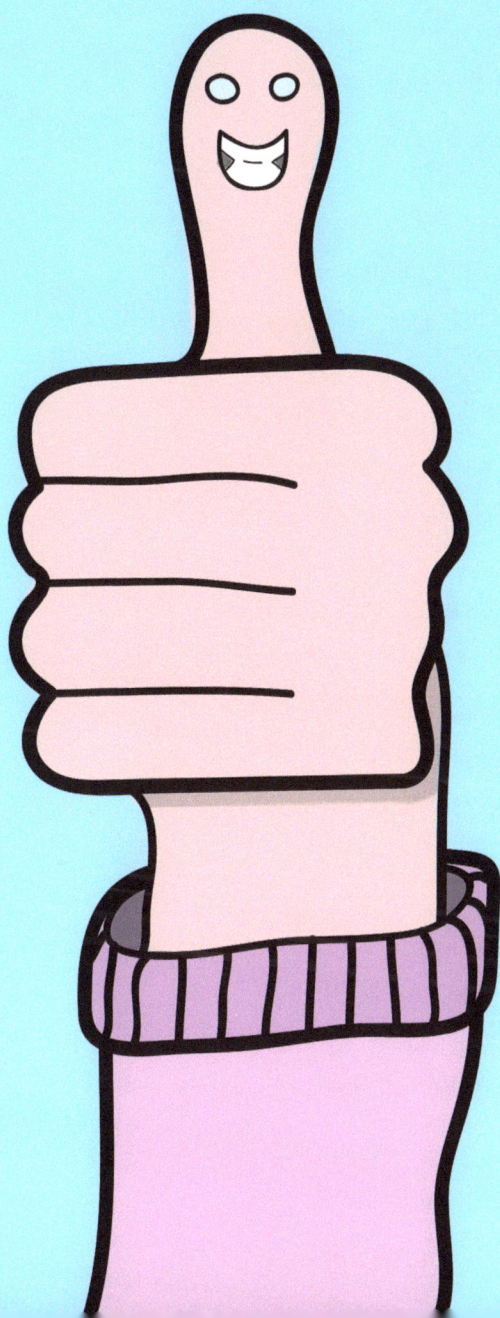

Gedicht duimen

Duimen is voor jou misschien fijn,
maar jouw tanden doe je pijn,
als de duim je mond ingaat,
worden de tanden soms wat kwaad.
Ze worden zomaar opzij gezet,
en dat is voor hen geen pret.

Voor de tong is het ook erg naar,
hij heeft het tijdens het duimen heel zwaar.
Hij gaat steeds verder naar beneden,
en is daarmee niet tevreden.
Hij wil gewoon boven in je mond zijn,
want daar is het voor hem wel fijn.

Voor de duim zelf is het ook niet oké,
hij doet liever niet meer mee.
Hij moet steeds weer in je mond,
en dat is helemaal niet gezond.
Het is er zo donker en nat en heet,
de duim is helemaal bezweet.

Dus doe je duim, tanden en tong een plezier,
en hou op met dat geklier.
Stop met het duimen en maak ze blij,
dan zijn ze voortaan weer lekker vrij!

www.ingramcontent.com/pod-product-compliance
Lightning Source LLC
Chambersburg PA
CBHW040750150426
42813CB00060B/2890